Amandine Bernardi
Richard Boutin

Kleine ABNEHM KUCHEN

aus der Mikrowelle

süß & pikant

Bassermann

INHALT

Einleitung 8

Süße & fruchtige Abnehmkuchen

Banane & Erdnussmus 10
Karotte & Orange 12
Kirschen & Pistazien 13
Mini-Abnehmkuchen Typ Schoko-Cookie 14
Heidelbeere & Apfelmus 16
Erdbeeren & weiße Schokolade 18
Aprikose, Honig & Mandeln 20
Banane & flüssiger Schokokern 22
Apfel, Zimt & Rosinen 24
Zitrone & Himbeeren 26
Himbeeren & Matcha 28
Banane, Schokolade & Haselnuss 30
Apfelkompott & Polenta 32
Kiwi 34
Banane & Lebkuchengewürz 36
Birne & Spekulatius 38
Ananas & Kokos 40
Rübli 42
Apfel & Salzkaramell 44
Schokotraum 46
Veganes Grundrezept 48
Beeren 50

Herzhafte Abnehmkuchen

Reis, Karotte & Erbsen 52
Hähnchen, Curry & Kokos 54
Thunfisch & Tomate 56
Karotte & Kreuzkümmel 58
Spinat, Ziegenkäse & Räucherlachs 60
Kürbis & Walnuss, vegan 61
Ratatouille 62
Zucchini, Tomate & Chorizo 64
Erbsen, Karotte & Schinken 66
Mexiko 68
Mini-Abnehmkuchen mit Brokkoli & Kräuterfrischkäse 70
Speck & Ziegenkäse 72
Pizza-Art 74

Alphabetisches Rezeptverzeichnis 76

Abnehmkuchen – was ist das?

Ein Abnehmkuchen ist ein sehr kleiner Kuchen, der in einer Schüssel mit etwa 500 ml Volumen gebacken wird. In den meisten Fällen können Sie auch den Teig direkt darin zubereiten.

Diese kleinen Kuchen sind schnell und einfach gemacht. Sie brauchen nur einige Grundzutaten aus dem Vorrat (Getreide, Milch, Ei, Backpulver...) zu verrühren und nach Lust und Laune (oder Saison) verfeinern – mit frischem Obst oder Trockenobst, Gemüse oder Körnern. Schon nach wenigen Minuten Garzeit in der Mikrowelle kann serviert werden. Es empfiehlt sich, ein Rezept zunächst mit einem Kuchen auszuprobieren und nach Geschmack zu variieren.

Abnehmkuchen schmecken zum Frühstück oder am Nachmittag. Als Dessert empfiehlt sich eine Mini-Version, weil die Kuchen gut sättigen. Herzhafte Abnehmkuchen geben ein komplettes Mittagessen ab.

Figurfreundliche Kuchen

Abnehmkuchen kommen ohne Fett-, Mehl- und Zuckerzugabe aus. Sie sind leicht, gesund und sättigen gut. Sie helfen beim Heißhunger auf Süßes oder Pikantes und sorgen dafür, dass man mit gutem Gewissen auch mal den Gelüsten nachgeben darf.

Ein Abnehmkuchen kann als vollwertiges Frühstück dienen. Er liefert Energie für den Vormittag und durch den Gehalt an Ballaststoffen hilft er, Heißhungerattacken bis zum Mittagessen zu vermeiden. Als Zwischenmahlzeit ist er eine wohltuende und gesunde Alternative zum Naschen.

Für eine leichte, herzhafte Mahlzeit könnten Sie sich für einen Abnehmkuchen mit Gemüse, tierischem oder pflanzlichem Eiweiß (Schinken, Fisch, Ölsaaten...) entscheiden oder andere Zutaten wie Käse verwenden. Und selbstverständlich stehen viele Gewürze und Kräuter zur Auswahl, um den Geschmack zu verfeinern.

Getreide & Co.

Für den Getreideanteil stehen verschiedene Flocken zur Auswahl, die allesamt reich an Ballaststoffen und anderen Nährstoffen, dabei aber kalorienarm sind: Hafer, Buchweizen, Reis, Quinoa ... Wer sich glutenfrei ernährt, kann Abnehmkuchen mit glutenfreien Flocken (zertifiziert glutenfreie Haferflocken, Reis, Buchweizen usw.) zubereiten. Außerdem eignen sich auch feiner Grieß (aus Weizen oder Reis), Reis und daraus gewonnene Cerealien.

So wird's perfekt!

Milch tierischen Ursprungs kann durch Pflanzendrinks Ihrer Wahl ersetzt werden (Soja-, Mandel--, Reis- oder Haferdrink). Auch Getreideflocken können ausgetauscht werden, um den Geschmack zu variieren oder einer bestimmten Ernährungsweise (z.B. glutenfrei) zu entsprechen.

Die zu jedem Rezept angegebene Garzeit ist ein Richtwert, sie kann je nach Gerät und dessen Leistung variieren. Es ist daher wichtig, den Garvorgang bei den ersten Versuchen zu überwachen. Am besten garen Sie den Kuchen eine Minute kürzer als angegeben und verlängern die Garzeit bei Bedarf.

Wichtig ist, die Schüssel nicht bis an den Rand zu füllen, da die Kuchen während des Garens aufgehen.

Symbole & Abkürzungen

Sie finden bei jedem Rezept ein Symbol, das für eine Jahreszeit oder einen Rezepttyp steht:

Ganzjährig • Sommer • Winter • Für Feinschmecker • Frühling • Herbst • Vegetarisch

TL – Teelöffel • EL – Esslöffel • ml – Milliliter • g – Gramm • 1 EL Milch – ca. 10–15 ml

ABNEHMKUCHEN
MIT BANANE
& Erdnussmus

VORBEREITEN: 2 MINUTEN
GAREN: 2–3 MINUTEN

FÜR 1 ABNEHMKUCHEN

1 sehr reife Banane
40 g Haferflocken
1/2 TL Backpulver
30 ml Magermilch
1 EL Erdnussmus
1 Eiweiß

1

Die Banane in einer Schüssel (ca. 500 ml Volumen) zerdrücken.
Haferflocken und Backpulver zugeben und gut umrühren.

2

Milch, Erdnussmus und Eiweiß zufügen und wieder gut umrühren.

3

Den Kuchen 2–3 Minuten auf höchster Stufe in der Mikrowelle
garen. Auf einen Teller stürzen.

TIPP
Garnieren Sie den Abnehmkuchen mit Bananenscheiben.

ABNEHMKUCHEN
MIT KAROTTE
& Orange

VORBEREITEN: 14 MINUTEN
GAREN: 3–4 MINUTEN

FÜR 1 ABNEHMKUCHEN

1 Karotte
40 g Buchweizenflocken
1/2 TL Backpulver
1 Eiweiß
Saft von 1 Orange

1

Die Karotte schälen und in Scheiben schneiden. 10 Minuten im Dampf garen, dann im Mixer pürieren. (Dieser Schritt kann am Vortag erledigt werden.)

2

Die Buchweizenflocken in einer Schüssel (ca. 500 ml Volumen) mit dem Backpulver mischen.

3

Karottenpüree, Eiweiß und den Orangensaft zugeben. Alles gut verrühren.

4

3–4 Minuten in der Mikrowelle auf höchster Stufe garen. Auf einen Teller stürzen.

TIPP

Dazu eine frische Orange servieren. Als Extra ein Stück dunkle Schokolade auf den heißen Kuchen legen und schmelzen lassen.

ABNEHMKUCHEN
MIT KIRSCHEN
& Pistazien

VORBEREITEN: 5 MINUTEN
GAREN: 3–4 MINUTEN

FÜR 1 ABNEHMKUCHEN

1 Handvoll Kirschen
30 g feiner Grieß
1 EL Pistazienpaste
1/2 TL Backpulver
200 g Naturjoghurt
1 Eiweiß

1

Die Kirschen entsteinen, 1 Kirsche in feine Scheiben und die restlichen in kleine Stücke schneiden.

2

Den Grieß in einer Schüssel mit Pistazienpaste und Backpulver verrühren.

3

Joghurt und Eiweiß zugeben und gut verrühren, dann die Kirschstücke unterheben.

4

3–4 Minuten in der Mikrowelle auf höchster Stufe garen. Auf einen Teller stürzen.

TIPP

Den Abnehmkuchen mit Kirschenscheiben und gehackten Pistazien garnieren.

MINI-ABNEHMKUCHEN

TYP

Schoko-Cookie

VORBEREITEN: 2 MINUTEN
GAREN: 1–2 MINUTEN

FÜR 1 ABNEHMKUCHEN

15 g Haferflocken
1 TL Schokotröpfchen
20 ml Magermilch
1 kleines Eiweiß
2 Tropfen Vanilleextrakt

Haferflocken und Schokotröpfchen in einer kleinen Schüssel
(ca. 300 ml Volumen) mischen.

Milch, Eiweiß und Vanilleextrakt zugeben und gut umrühren.

1,5–2 Minuten in der Mikrowelle auf höchster Stufe garen.
Auf einen Teller stürzen.

TIPP
*Diese Minikuchen eignen sich besonders gut
zum Mitnehmen..*

ABNEHMKUCHEN
HEIDELBEERE &
Apfelmus

VORBEREITEN: 2 MINUTEN
GAREN: 3–4 MINUTEN

FÜR 1 ABNEHMKUCHEN

30 g Quinoaflocken
1/2 TL Backpulver
50 g Apfelmus ohne Zuckerzusatz
1 Eiweiß
10 g Heidelbeeren (im Sommer frisch, sonst getrocknet),
alternativ Gojibeeren

1

Quinoaflocken und Backpulver in einer Schüssel
(ca. 500 ml Volumen) mischen.

2

Apfelmus und Eiweiß zugeben und alles gut verrühren.
Dann Heidelbeeren unterheben.

3

3–4 Minuten in der Mikrowelle auf höchster Stufe garen.
Auf einen Teller stürzen.

TIPP
Garnieren Sie den Kuchen mit einem Teelöffel Kokosraspel.

ABNEHMKUCHEN
MIT ERDBEEREN
& weißer Schokolade

VORBEREITEN: 5 MINUTEN
GAREN: 4 MINUTEN

FÜR 1 ABNEHMKUCHEN

ein paar Erdbeeren
2 Stücke weiße Schokolade
30 g feiner Grieß
1/2 TL Backpulver
60 ml Mandeldrink
1 Eiweiß

1

Die Erdbeeren in kleine Stücke schneiden. Ein Stück weiße
Schokolade hacken.

2

Grieß, Backpulver und gehackte weiße Schokolade in einer
Schüssel (ca. 500 ml Volumen) mischen.

3

Mandeldrink und Eiweiß zugeben und alles gut verrühren.
Die Erdbeeren unterheben.

4

2 Minuten in der Mikrowelle auf höchster Stufe garen. Das ganze
Stück Schokolade in die Mitte des Kuchens schieben und weitere
2 Minuten garen. Auf einen Teller stürzen.

TIPP
Mit etwas Erdbeerpüree oder frischen Erdbeeren servieren.

ABNEHMKUCHEN
MIT APRIKOSE,
Honig & Mandeln

VORBEREITEN: 5 MINUTEN
GAREN: 3–4 MINUTEN

FÜR 1 ABNEHMKUCHEN

2 reife Aprikosen
30 g feiner Grieß
1 EL gemahlene Mandeln
1/2 TL Backpulver
60 ml Mandeldrink
1 Eiweiß
1 TL Honig
1 Tropfen Bittermandelaroma

1

Die Aprikosen entsteinen und in kleine Stücke schneiden.

2

Grieß, gemahlene Mandeln und Backpulver in einer Schüssel
(ca. 500 ml Volumen) mischen.

3

Mandeldrink, Eiweiß, Honig und Bittermandelaroma zugeben und
alles gut verrühren. Die Aprikosen unterheben.

4

3–4 Minuten in der Mikrowelle auf höchster Stufe garen.
Auf einen Teller stürzen.

TIPP

Garnieren Sie den Kuchen mit grob gehackten Mandeln und
feinen Scheiben einer frisch aufgeschnittenen Aprikose.

ABNEHMKUCHEN
MIT BANANE
& flüssigem Schokokern

VORBEREITEN: 5 MINUTEN
GAREN: 3 MINUTEN

FÜR 1 ABNEHMKUCHEN

1 sehr reife Banane
30 g Haferkleie
1 TL Kakaopulver
1/2 TL Backpulver
30 ml Magermilch
1 Eiweiß
1 Stück dunkle Schokolade

1

Die Banane in einer Schüssel (ca. 500 ml Volumen) zerdrücken.
Haferkleie, Kakao und Backpulver zugeben. Alles gut verrühren.

2

Milch und Eiweiß zufügen und alles sorgfältig verrühren.

3

1 Minute in der Mikrowelle auf höchster Stufe garen.

4

Das Stück Schokolade in die Mitte des Kuchens stecken, dann den
Kuchen weitere 2 Minuten garen. Auf einen Teller stürzen.

TIPP
Garnieren Sie den Kuchen mit Bananenscheiben.

ABNEHMKUCHEN
MIT APFEL, ZIMT
& Rosinen

VORBEREITEN: 5 MINUTEN
GAREN: 2–3 MINUTEN

FÜR 1 ABNEHMKUCHEN

30 g Haferflocken
1/2 TL Backpulver
1 Prise Zimt
30 ml Magermilch
1 Eiweiß
1/2 Apfel
ein paar Rosinen

1

Haferflocken, Backpulver und Zimt in einer Schüssel
(ca. 500 ml Volumen) mischen. Milch und Eiweiß zugeben
und sorgfältig verrühren.

2

Den halben Apfel fein würfeln und mit den Rosinen
unter den Teig heben.

3

2–3 Minuten in der Mikrowelle auf höchster Stufe garen.
Auf einen Teller stürzen.

TIPP
Die andere Hälfte des Apfels in feine Scheiben schneiden und
zum Kuchen servieren.

ABNEHMKUCHEN
MIT ZITRONE
& Himbeeren

VORBEREITEN: 2 MINUTEN
GAREN: 3–4 MINUTEN

FÜR 1 ABNEHMKUCHEN

1 Bio-Zitrone
30 g feiner Grieß
1/2 TL Backpulver
100 g Frischkäse
1 Eiweiß
1 kleine Handvoll Himbeeren

1

Die Schale von der Zitrone abreiben und den Saft auspressen.

2

Grieß und Backpulver in einer Schüssel
(ca. 500 ml Volumen) mischen.

3

Frischkäse, Saft mit Schale der Zitrone und Eiweiß zugeben. Alles gut
verrühren, dann behutsam die Himbeeren untermischen.

4

3–4 Minuten in der Mikrowelle auf höchster Stufe garen.
Auf einen Teller stürzen.

TIPP

Übergießen Sie diesen Kuchen zum Servieren
mit pürierten Himbeeren.

ABNEHMKUCHEN
MIT HIMBEEREN
& Matcha

VORBEREITEN: 2 MINUTEN
GAREN: 3–4 MINUTEN

FÜR 1 ABNEHMKUCHEN

40 g Haferflocken
1/2 TL Backpulver
1 TL Matchapulver
50 g Apfel-Himbeer-Mark ohne Zuckerzusatz
1 Eiweiß
einige Himbeeren

1

Haferflocken, Backpulver und Matchapulver in einer Schüssel
(ca. 500 ml Volumen) mischen.

2

Fruchtmark und Eiweiß zugeben und sorgfältig verrühren,
dann vorsichtig die Himbeeren unterheben.

3

3–4 Minuten in der Mikrowelle auf höchster Stufe garen.
Auf einen Teller stürzen.

TIPP
Verwenden Sie frische Himbeeren zum Garnieren.

MINI-ABNEHMKUCHEN
MIT BANANE,
Schokolade & Haselnüssen

VORBEREITEN: 5 MINUTEN
GAREN: 2 MINUTEN

FÜR 1 ABNEHMKUCHEN

1/2 Banane
20 g Haferflocken
1 TL Kakaopulver
1 Prise Backpulver
1 EL Milch
1 Eiweiß
2 Haselnusskerne, grob gehackt

Die Banane in einer Schüssel (ca. 300 ml Volumen) zerdrücken.
Haferflocken, Kakao und Backpulver zugeben
und alles gut verrühren.

Milch und Eiweiß sorgfältig einrühren, dann die
Haselnüsse unterheben.

2 Minuten in der Mikrowelle auf höchster Stufe garen.
Auf einen Teller stürzen.

TIPP

*Mit gehackten Haselnüssen und Bananenscheiben
garnieren. Für festliche Anlässe mit einem Teelöffel
Nuss-Nougat-Creme bestreichen.*

ABNEHMKUCHEN
APFELKOMPOTT &
Polenta

VORBEREITEN: 5 MINUTEN
GAREN: 3–4 MINUTEN

FÜR 1 ABNEHMKUCHEN

30 g Polenta
1/2 TL Backpulver
100 g Apfel- oder Apfel-Mango-Kompott ohne Zuckerzusatz
1 Eiweiß

1
Die Polenta in einer Schüssel (ca. 500 ml Volumen) mit dem
Backpulver mischen.

2
Kompott und Eiweiß zugeben und alles sorgfältig verrühren.

3
3–4 Minuten in der Mikrowelle auf höchster Stufe garen.
Auf einen Teller stürzen.

TIPP
*Mit einer Garnierung aus Passionsfruchtmark und
Kokosraspeln schmeckt der Kuchen noch exotischer.*

ABNEHMKUCHEN MIT KIWI

VORBEREITEN: 5 MINUTEN
GAREN: 3–4 MINUTEN

FÜR 1 ABNEHMKUCHEN

40 g Hartweizengrieß
1/2 TL Tapiokastärke
1/2 TL Backpulver
100 g Frischkäse
1 Eiweiß
1 Kiwi

1

Grieß, Stärke und Backpulver in einer Schüssel
(ca. 500 ml Volumen) mischen.

2

Frischkäse und Eiweiß zugeben und sorgfältig unterrühren.

3

Die Kiwi schälen, in kleine Stücke schneiden und unterheben.

4

3–4 Minuten in der Mikrowelle auf höchster Stufe garen.
Auf einen Teller stürzen.

TIPP

Mit frischen Kiwischeiben und Kokosraspeln garnieren.

ABNEHMKUCHEN
NACH
Lebkuchenart

VORBEREITEN: 5 MINUTEN
GAREN: 2–3 MINUTEN

FÜR 1 ABNEHMKUCHEN

1 sehr reife Banane
30 g Haferkleie
1 TL Lebkuchengewürz
1/2 TL Backpulver
1 Eiweiß
1 TL Honig
1 Bio-Orange

1

Die Banane in einer Schüssel (ca. 500 ml Volumen)
zerdrücken. Haferkleie, Gewürze und Backpulver zugeben.
Alles sorgfältig verrühren.

2

Eiweiß, Honig und abgeriebene Orangenschale zufügen.
Nochmals alles gut rühren.

3

2–3 Minuten in der Mikrowelle auf höchster Stufe garen.
Auf einen Teller stürzen.

TIPP
*Zum Garnieren eignen sich feine Streifen von Orangenschale
und Orangenscheiben.*

ABNEHMKUCHEN
MIT BIRNE
& Spekulatius

VORBEREITEN: 5 MINUTEN
GAREN: 2–3 MINUTEN

FÜR 1 ABNEHMKUCHEN

1/2 Birne
40 g Haferflocken
1/2 TL Backpulver
50 ml Magermilch
1 Eiweiß
1 Spekulatius

1

Die Birne schälen und in kleine Stücke schneiden.
Den Spekulatius zerbröseln.

2

Haferflocken und Backpulver in einer Schüssel
(ca. 500 ml Volumen) mischen.

3

Milch und Eiweiß zugeben und alles sorgfältig verrühren.

4

Die Birnenstücke und die Spekulatiuskrümel unterheben.

5

2–3 Minuten in der Mikrowelle auf höchster Stufe garen.
Auf einen Teller stürzen.

TIPP

Garnieren Sie den Kuchen mit zerbröseltem Spekulatius und
gewürfelter Birne.

ABNEHMKUCHEN
MIT ANANAS
& Kokos

VORBEREITEN: 5 MINUTEN
GAREN: 2–3 MINUTEN

FÜR 1 ABNEHMKUCHEN

40 g Haferflocken
1/2 TL Backpulver
10 g Kokosraspel
50 ml Kokosdrink
1 Eiweiß
2 oder 3 Scheiben Ananas

1

Haferflocken, Backpulver und Kokosraspel in einer Schüssel
(ca. 500 ml Volumen) mischen.

2

Kokosdrink und Eiweiß zugeben und alles sorgfältig verrühren.

3

Die Ananas fein würfeln und zum Teig geben.
Nochmals gut umrühren.

4

2–3 Minuten in der Mikrowelle auf höchster Stufe garen.
Auf einen Teller stürzen.

TIPP

*Garnieren Sie den Kuchen mit Kokosraspeln und gewürfelter
frischer Ananas.*

ABNEHMKUCHEN
RÜBLI

VORBEREITEN: 5 MINUTEN
GAREN: 2–3 MINUTEN

FÜR 1 ABNEHMKUCHEN

1 kleine Karotte
1 Walnuss
20 g Haferflocken
10 g Haferkleie
1 TL Lebkuchengewürz
1/2 TL Backpulver
100 g Frischkäse
1 Eiweiß
1 TL Honig

1

Die Karotte schälen und fein raspeln. Die Walnuss knacken und den Kern grob zerkleinern.

2

Haferflocken, Haferkleie, Gewürz und Backpulver in einer Schüssel (ca. 500 ml Volumen) mischen.

3

Frischkäse, Eiweiß, Honig, Walnuss und Karotte zufügen und alles gut umrühren.

4

2–3 Minuten in der Mikrowelle auf höchster Stufe garen. Auf einen Teller stürzen.

TIPP

Garnieren Sie den Kuchen mit einem Klecks Frischkäse und gehackter Walnuss.

ABNEHMKUCHEN
MIT APFEL
& Salzkaramell

VORBEREITEN: 5 MINUTEN
GAREN: 2–3 MINUTEN

FÜR 1 ABNEHMKUCHEN

1 Apfel
30 g Haferflocken
1/2 TL Backpulver
50 ml Magermilch
1 Eiweiß
1 TL Karamellcreme

1

Den Apfel schälen und in kleine Stücke schneiden.

2

Haferflocken und Backpulver in einer Schüssel
(ca. 500 ml Volumen) mischen.

3

Milch und Eiweiß zugeben und alles sorgfältig verrühren.

4

Apfelstücke und Karamell zum Teig geben und gut unterrühren.

5

2–3 Minuten in der Mikrowelle auf höchster Stufe garen.
Auf einen Teller stürzen.

TIPP

Servieren Sie zu dem Kuchen einen Teelöffel Karamellcreme.

ABNEHMKUCHEN
SCHOKOTRAUM

VORBEREITEN: 2 MINUTEN
GAREN: 2–3 MINUTEN

FÜR 1 ABNEHMKUCHEN

30 g Haferflocken
1 TL Kakaopulver
1/2 TL Backpulver
60 ml Schoko-Pflanzendrink (Mandel, Soja o.Ä.)
1 Eiweiß
1 EL dunkle Schokotröpfchen

1

Haferflocken, Kakao und Backpulver in einer Schüssel
(ca. 500 ml Volumen) mischen.

2

Schoko-Pflanzendrink und Eiweiß zugeben und gut verrühren,
dann die Schokotröpfchen unterheben.

3

2–3 Minuten in der Mikrowelle auf höchster Stufe garen.
Auf einen Teller stürzen.

TIPP

Dazu schmecken frische Früchte der Saison.

ABNEHMKUCHEN
VEGANES
Grundrezept

VORBEREITEN: 5 MINUTEN
GAREN: 2–3 MINUTEN

FÜR 1 ABNEHMKUCHEN

1 sehr reife Banane
30 g Haferkleie
1/2 TL Backpulver
30 ml Pflanzendrink
frische Früchte der Saison, Trockenfrüchte, Schokotröpfchen
zum Füllen

1

Die Banane in einer Schüssel (ca. 500 ml Volumen) zerdrücken.
Haferkleie und Backpulver zugeben und alles gut verrühren.

2

Pflanzendrink und Früchte oder andere Zutaten nach Wahl
zugeben und umrühren.

3

2–3 Minuten in der Mikrowelle auf höchster Stufe garen.
Auf einen Teller stürzen.

TIPP

Sie können dieses vegane Rezept mit verschiedenen Zutaten
eigener Wahl immer wieder variieren.

ABNEHMKUCHEN
MIT BEEREN

VORBEREITEN: 2 MINUTEN
GAREN: 3–4 MINUTEN

FÜR 1 ABNEHMKUCHEN

30 g feiner Grieß
1/2 TL Backpulver
200 g Naturjoghurt
1 Eiweiß
100 g gemischte Beeren (frisch oder gefroren)

1

Grieß und Backpulver in einer Schüssel
(ca. 500 ml Volumen) mischen.

2

Joghurt und Eiweiß zugeben und sorgfältig verrühren, dann
vorsichtig die Beeren unterheben.

3

3–4 Minuten in der Mikrowelle auf höchster Stufe garen.
Auf einen Teller stürzen.

TIPP

Dazu schmeckt ein Püree aus reifen Beeren.

ABNEHMKUCHEN
REIS, KAROTTE
& Erbsen

VORBEREITEN: 5 MINUTEN
GAREN: 3–4 MINUTEN

FÜR 1 ABNEHMKUCHEN

1 kleine Karotte
100 g gekochter Reis
20 g gefrorene Erbsen (aufgetaut)
40 g Kochschinken, gewürfelt
1 EL Sojasauce
1 Ei

1
Die Karotte schälen und fein würfeln.

2
Reis, Karotte, Erbsen, Schinken und Sojasauce in einer Schüssel
(ca. 500 ml Volumen) verrühren.

3
Das Ei zugeben und nochmals gut umrühren.

4
3–4 Minuten in der Mikrowelle auf höchster Stufe garen.
Auf einen Teller stürzen.

TIPP
Servieren Sie dazu einen Salat oder Rohkost.

ABNEHMKUCHEN
MIT HÄHNCHEN,,
Curry & Kokos

VORBEREITEN: 2 MINUTEN
GAREN: 4 MINUTEN

FÜR 1 ABNEHMKUCHEN

100 g gekochter Reis
60 g gegartes Hühnerfleisch
1 TL Currypulver
50 ml Kokosmilch
Salz
1 Ei

1

Reis, zerkleinertes Hühnchenfleisch, Curry, Kokosmilch und eine Prise
Salz in einer Schüssel (ca. 500 ml Volumen) mischen.

2

Das Ei zugeben und alles sorgfältig verrühren.

3

4 Minuten in der Mikrowelle auf höchster Stufe garen.
Auf einen Teller stürzen.

TIPP
Dazu passt knackige Rohkost.

ABNEHMKUCHEN
MIT THUNFISCH
& Tomate

VORBEREITEN: 2 MINUTEN
GAREN: 3 MINUTEN

FÜR 1 ABNEHMKUCHEN

100 g gekochter Reis
1 kleine Dose Thunfisch (90 g)
30 g passierte Tomaten
1 TL gehacktes Basilikum
Salz und Pfeffer
1 Ei

1

Reis, 50 g Thunfisch, passierte Tomaten, Basilikum, Salz und Pfeffer in
einer Schüssel (ca. 500 ml Volumen) verrühren.

2

Das Ei zugeben und sorgfältig untermischen.

3

3 Minuten in der Mikrowelle auf höchster Stufe garen.
Auf einen Teller stürzen.

TIPP
Servieren Sie dazu einen Salat aus grünen Bohnen und
Tomaten mit dem restlichen Thunfisch.

ABNEHMKUCHEN
MIT KAROTTE
& Kreuzkümmel

VORBEREITEN: 13 MINUTEN
GAREN: 4–5 MINUTEN

FÜR 1 ABNEHMKUCHEN

100 g Karotte
40 g feiner Grieß
1/2 TL Kreuzkümmel
1 Ei
2 EL Milch
Salz und Pfeffer

1

Die Karotte 10 Minuten im Dampf garen, dann pürieren.

2

Grieß, Kreuzkümmel und Karottenpüree in einer Schüssel
(ca. 500 ml Volumen) mischen.

3

Ei, Milch, Salz und Pfeffer zufügen und alles sorgfältig verrühren.

4

4–5 Minuten in der Mikrowelle auf höchster Stufe garen.
Auf einen Teller stürzen.

TIPP

Servieren Sie dazu ein pochiertes Ei und einen kleinen Salat.

ABNEHMKUCHEN
MIT SPINAT,
Ziegenkäse & Räucherlachs

VORBEREITEN: 5 MINUTEN
GAREN: 4–5 MINUTEN

FÜR 1 ABNEHMKUCHEN

1 Handvoll junger Spinat
1 Scheibe Räucherlachs
40 g feiner Grieß (Weizen oder Reis)
50 g Frischkäse
20 g Ziegenfrischkäse
Salz und Pfeffer
1 Ei

1

Spinat und Räucherlachs fein hacken.

2

Grieß, Frischkäse und Ziegenfrischkäse in einer Schüssel
(ca. 500 ml Volumen) verrühren.

3

Spinat und Räucherlachs untermischen. Salzen und pfeffern.

4

Das Ei zugeben und alles nochmals sorgfältig verrühren 4–5 Minuten
in der Mikrowelle auf höchster Stufe garen. Auf einen Teller stürzen.

TIPP

Servieren Sie dazu einen frischen Salat.

ABNEHMKUCHEN
MIT KÜRBIS
& Walnuss

VORBEREITEN: 23 MINUTEN
GAREN: 4 MINUTEN

FÜR 1 ABNEHMKUCHEN

100 g geschälter Butternusskürbis
1 EL geschrotete Leinsamen
50 g Buchweizenflocken
1 EL Haselnussdrink
Salz und Pfeffer
3 Walnusskerne, grob gehackt

1

Den Kürbis 20 Minuten im Dampf garen.

2

Inzwischen den Leinsamen mit 2 Esslöffeln Wasser anrühren und
quellen lassen.

3

Den Kürbis mit Buchweizenflocken, gequollenem Leinsamen,
Haselnussdrink, Salz und Pfeffer verrühren.

4

Die Nüsse unterheben und den Teig in eine Schüssel (ca. 500 ml
Volumen) füllen.

5

4 Minuten in der Mikrowelle auf höchster Stufe garen. Auf einen
Teller stürzen.

TIPP

Dazu passt ein Endiviensalat mit gehackten Walnüssen.

ABNEHMKUCHEN
RATATOUILLE

VORBEREITEN: 2 MINUTEN
GAREN: 4 MINUTEN

FÜR 1 ABNEHMKUCHEN

40 g feiner Grieß (Weizen oder Reis)
100 g Ratatouille (selbst gekocht oder Konserve)
1 Prise Kräuter der Provence
Salz und Pfeffer
1 Ei

1

Grieß und Ratatouille in einer Schüssel (ca. 500 ml Volumen) mit
Kräutern der Provence, Salz und Pfeffer verrühren.

2

Das Ei zugeben und nochmals sorgfältig mischen.

3

4 Minuten in der Mikrowelle auf höchster Stufe garen.
Auf einen Teller stürzen.

TIPP

Dazu schmeckt etwas roher Schinken und ein frischer Salat.

ABNEHMKUCHEN
MIT ZUCCHINI,
Tomate & Chorizo

VORBEREITEN: 8 MINUTEN
GAREN: 4–5 MINUTEN

FÜR 1 ABNEHMKUCHEN

100 g Zucchini
1 Tomate
10 g Chorizo
40 g Polenta
1/2 TL Paprikapulver
1 Ei
2 EL Milch
Salz und Pfeffer

1
Die Zucchini raspeln. Tomate und Chorizo in feine Würfel schneiden.

2
Polenta, Paprikapulver, Zucchini, Tomate und Chorizo in einer
Schüssel (ca. 500 ml Volumen) mischen.

3
Ei und Milch zugeben, salzen und pfeffern.
Alle Zutaten gründlich verrühren.

4
4–5 Minuten in der Mikrowelle auf höchster Stufe garen.
Auf einen Teller stürzen.

TIPP
Zu diesem Abnehmkuchen schmeckt ein grüner Salat. Sie
können auch einen Klecks Tomatensauce daraufgeben.

ABNEHMKUCHEN
MIT ERBSEN,
Karotte & Schinken

VORBEREITEN: 20 MINUTEN
GAREN: 4–5 MINUTEN

FÜR 1 ABNEHMKUCHEN

50 g frische Erbsen (geschält)
200 g Naturjoghurt
1 kleine Karotte
1 Scheibe Kochschinken
50 g Reisflocken
1 Ei
Salz und Pfeffer

1

Die Erbsen im Dampf 15 Minuten garen,
dann mit dem Joghurt pürieren.

2

Die Karotte schälen und fein raspeln. Den Schinken fein würfeln.

3

Reisflocken, Erbsenpüree, Karotte und Schinken in einer Schüssel
(ca. 500 ml Volumen) verrühren.

4

Ei, Salz und Pfeffer zugeben und noch einmal
alles sorgfältig mischen.

5

4–5 Minuten in der Mikrowelle auf höchster Stufe garen.
Auf einen Teller stürzen.

TIPP
Servieren Sie dazu einen gemischten Blattsalat.

ABNEHMKUCHEN
MEXIKO

VORBEREITEN: 5 MINUTEN
GAREN: 3–4 MINUTEN

FÜR 1 ABNEHMKUCHEN

1/2 Paprikaschote (grün oder rot)
10 g Chorizo
40 g Quinoaflocken
20 g Maiskörner
20 g Salsa
1 Ei
Salz und Pfeffer

1

Paprika und Chorizo in kleine Würfel schneiden.

2

Quinoaflocken Paprika, Chorizo und Mais in einer Schüssel
(ca. 500 ml Volumen) verrühren. Salzen und pfeffern.

3

Salsa und Ei zugeben und nochmals gründlich umrühren.

4

3–4 Minuten in der Mikrowelle auf höchster Stufe garen.
Auf einen Teller stürzen.

TIPP

Servieren Sie dazu einen grünen Salat. Achtung, dieser
Abnehmkuchen kann recht pikant sein.

MINI-
ABNEHMKUCHEN
MIT BROKKOLI
& Kräuterfrischkäse

VORBEREITEN: 10 MINUTEN
GAREN: 2–3 MINUTEN

FÜR 1 ABNEHMKUCHEN

50 g Brokkoli
20 g Haferflocken
10 g Frischkäse mit Knoblauch und Kräutern
1 Eiweiß
1 EL Milch
Salz und Pfeffer

1

Den Brokkoli 6 Minuten im Dampf garen, dann mit
einer Gabel grob zerdrücken.

2

Haferflocken, Brokkoli und Frischkäse in einer Schüssel
(ca. 300 ml Volumen) verrühren.

3

Eiweiß und Milch zugeben, salzen und pfeffern.
Nochmals gut mischen.

4

2–3 Minuten in der Mikrowelle auf höchster Stufe garen.
Auf einen Teller stürzen.

TIPP

*Servieren Sie die Minikuchen auf einem gemischten Salat oder
packen Sie ihn zum Mitnehmen in eine Lunchbox.*

ABNEHMKUCHEN
MIT SPECK
& Ziegenkäse

VORBEREITEN: 5 MINUTEN
GAREN: 3–4 MINUTEN

FÜR 1 ABNEHMKUCHEN

40 g Haferflocken
75 g Speckwürfel
1 Ei
30 ml Magermilch
30 g Ziegenkäse
Salz und Pfeffer

1

Haferflocken und Speckwürfel in einer Schüssel (ca. 500 ml Volumen) mischen. Das Ei unterrühren. Den Ziegenkäse würfeln.

2

Milch, gewürfelten Ziegenkäse, Salz und Pfeffer zugeben und alles gut verrühren.

3

3–4 Minuten in der Mikrowelle auf höchster Stufe garen. Auf einen Teller stürzen.

TIPP

Garnieren Sie den Kuchen mit einem Klecks Tomatensauce. Dazu schmeckt ein frischer Salat.

ABNEHMKUCHEN
NACH *Pizza-Art*

VORBEREITEN: 5 MINUTEN
GAREN: 3–4 MINUTEN

FÜR 1 ABNEHMKUCHEN

2 weiße Champignons
1 Scheibe Kochschinken
50 g Haferflocken
20 g geriebener Gruyère
1 Ei
20 ml Magermilch
30 g passierte Tomaten
1/2 TL Oregano
Salz und Pfeffer

1

Champignons und Schinken in kleine Stücke schneiden.

2

Haferflocken, Champignons, Schinken und geriebenen Käse in einer Schüssel (ca. 500 ml Volumen) mischen. Das Ei unterrühren.

3

Milch, passierte Tomaten, Oregano, Salz und Pfeffer zugeben. Nochmals alles gut mischen.

4

3–4 Minuten in der Mikrowelle auf höchster Stufe garen. Auf einen Teller stürzen.

TIPP

Garnieren Sie den Kuchen mit Scheiben von schwarzen Oliven. Dazu passt ein grüner Salat.

ALPHABETISCHES REZEPTVERZEICHNIS

Ananas & Kokos 40

Apfel & Salzkaramell 44

Apfelkompott & Polenta 32

Apfel, Zimt & Rosinen 24

Aprikose, Honig & Mandeln 20

Banane & Erdnussmus 10

Banane & flüssiger Schokokern 22

Banane & Lebkuchengewürz 36

Banane, Schokolade & Haselnuss 30

Beeren 50

Birne & Spekulatius 38

Erbsen, Karotte & Schinken 66

Erdbeeren & weiße Schokolade 18

Hähnchen, Curry & Kokos 54

Heidelbeere & Apfelmus 16

Himbeeren & Matcha 28

Karotte & Kreuzkümmel 58

Karotte & Orange 12

Kirschen & Pistazien 13

Kiwi 34

Kürbis & Walnuss 61

Mexiko 68

Mini-Abnehmkuchen mit Brokkoli & Kräuterfrischkäse 70

Mini-Abnehmkuchen Typ Schoko-Cookie 14

Pizza-Art 74

Ratatouille 62

Reis, Karotte & Erbsen 52

Rübli 42

Schokotraum 46

Speck & Ziegenkäse 72

Spinat, Ziegenkäse & Räucherlachs 60

Thunfisch & Tomate 56

Veganes Grundrezept 48

Zitrone & Himbeeren 26

Zucchini, Tomate & Chorizo 64

1. Auflage

© 2021 by Bassermann Verlag, einem Unternehmen der
Penguin Random House Verlagsgruppe GmbH,
Neumarkter Straße 28, 81673 München
© der Originalausgabe Larousse, 2019
Originaltitel: 35 Recettes de Bowl Cakes plaisir & minceur

ISBN 978-3-8094-4475-6

Texte & Rezepte: Amandine Bernardi
Fotos: Richard Boutin
Styling: Marion Guillemard

Für die französische Ausgabe
Direction de la publication: Isabelle Jeuge-Maynart et Ghislaine Stora
Direction éditoriale: Émilie Franc
Édition: Flore Beaugendre
Couverture: Véronique Laporte-Bouchereau
Création graphique et mise en pages: Claire Morel Fatio
Fabrication: Émilie Latour

Für die deutsche Ausgabe
Umschlaggestaltung: Atelier Versen, Bad Aibling
Herstellung: Elke Cramer
Bildredaktion: Sabine Kestler
Projektleitung: Anja Halveland

Realisierung der deutschen Ausgabe:
trans texas publishing services GmbH, Köln
Übersetzung: Wiebke Krabbe, Damlos

Satz: Satzwerk Huber, Germering
Druck und Bindung: Mohn Media Mohndruck GmbH, Gütersloh
Printed in Germany

MIX
Papier aus verantwor-
tungsvollen Quellen
FSC® C011124
FSC
www.fsc.org

Penguin Random House Verlagsgruppe FSC® N001967